Todos los derechos reservados
©2023 Grow with Mora

TARRO DE GALLETAS

Ina y su hermano Keni iban de regreso a casa cuando vieron que estaban inaugurando una nueva escuela de música.

A Ina le gusta mucho la música y siempre ha querido aprender a tocar la guitarra.

¡Mira, Keni! Me encantaría aprender a tocar guitarra, ¡Seria muy divertido!

¡Sí! Pero no tienes guitarra, le puedes pedir una a papá.

Antes de contarle a su papá, Ina pensó que tal vez podría comprar su propia guitarra con el dinero que tenía ahorrado. Fue corriendo a su habitación, tomó su alcancía y la rompió, pero se dió cuenta de que no tenía suficiente dinero.

Ina, motivada por su deseo de aprender a tocar la guitarra siguió el consejo de su hermano y fue a hablar con papá:

Papá, abrieron una escuela de música cerca de casa y me encantaría aprender a tocar la guitarra, ¿Me pueden regalar una?

Ina mostró sus ahorros a su papá y le dijo que no tenía suficiente para comprar una guitarra. Su papá le aseguró que encontrarían una forma creativa de conseguir dinero y juntos buscarían ideas para lograrlo.

Nadie de la familia sabía cómo hacer galletas, así que decidieron buscar ayuda usando todo lo que tenían a mano.

Con tantas opciones estaban indecisos sobre cuál escoger. Finalmente decidieron hacer una receta que encontró Ina con muy buenos comentarios y que en la foto se veían deliciosas.

Al día siguiente, toda la familia pasó una divertida mañana siguiendo la receta que habían encontrado. Al terminar, Ina las metió en un tarro y se fue a la entrada de la casa a vender sus galletas.

Papá y los chicos se despertaron muy temprano y con mucho entusiasmo hicieron un gran cartel. Al llegar al parque, Ina se sentó en una banca cerca de muchos niños con sus galletas y su cartel. Papá y Keni le acompañaban ansiosos.

Tras varias horas en el parque, papá se acercó a Ina para ver como le había ido con las ventas.

Ina comenzó a guardar sus cosas; ya era hora de regresar a casa cuando vio a unos compañeros de la escuela jugando fútbol en el parque.

Se acercó a ellos con una idea en mente: regalarle las galletas que le quedaban, esperando que al día siguiente la recomendaran con sus compañeros.

Cuando Ina llegó a la escuela con su tarro de galletas todos los chicos la buscaban para comprarle una.
¡Su idea había funcionado!
Después del primer receso Ina no tenía más galletas en su tarro.

TARRO DE GALLETAS
MORALEJA

No importa cuán grandes sean los desafíos que enfrentemos, siempre podemos encontrar soluciones si usamos nuestra imaginación. Acompaña y guía a tus hijos en este proceso, recordándoles que el valor de intentarlo y aprender de ello es tan importante como el resultado final.

Si las galletas de Ina quieres probar,
una dulce aventura debes explorar,
con una Q y una R podrás avanzar
y la respuesta al enigma podrás encontrar.
En esta historia, la clave está
en usar la tecnología para la pista descifrar
si tienes dudas para comenzar,
no temas en preguntar, un
cartel en el cuento te puede ayudar,
y así las galletas de Ina podrás preparar.

Made in the USA
Middletown, DE
13 July 2024

57253044R00020